読めても凄い
書けるともっと凄い

感じる漢字ドリル

上級編

ＪＳＭ研究会編

感じる漢字ドリルの使い方

⑴ 官能小説ならではの独自な表現

官能小説でよく使う漢字が比較的易しい順で列記されています。ページが進むにつれて難易度が上がります。

⑵ ページの半分を赤シートで隠して楽しく学習

1ページの右側が問題、左側が解答と解説になっています。ページの左半分を付属の赤シートで隠す、もしくは解答側を折って学習してください。

⑶ 同じ漢字の各例題が難しい順

各例題はその漢字が閃きにくい順番で列記されています。例題が進むにつれ、その漢字をイメージしやすくなっています。

⑷ 例題が官能的だから学習意欲が沸く

例題がエッチで興味深い文章となっているので、より妄想を働かせられ、学習意欲が沸きます。

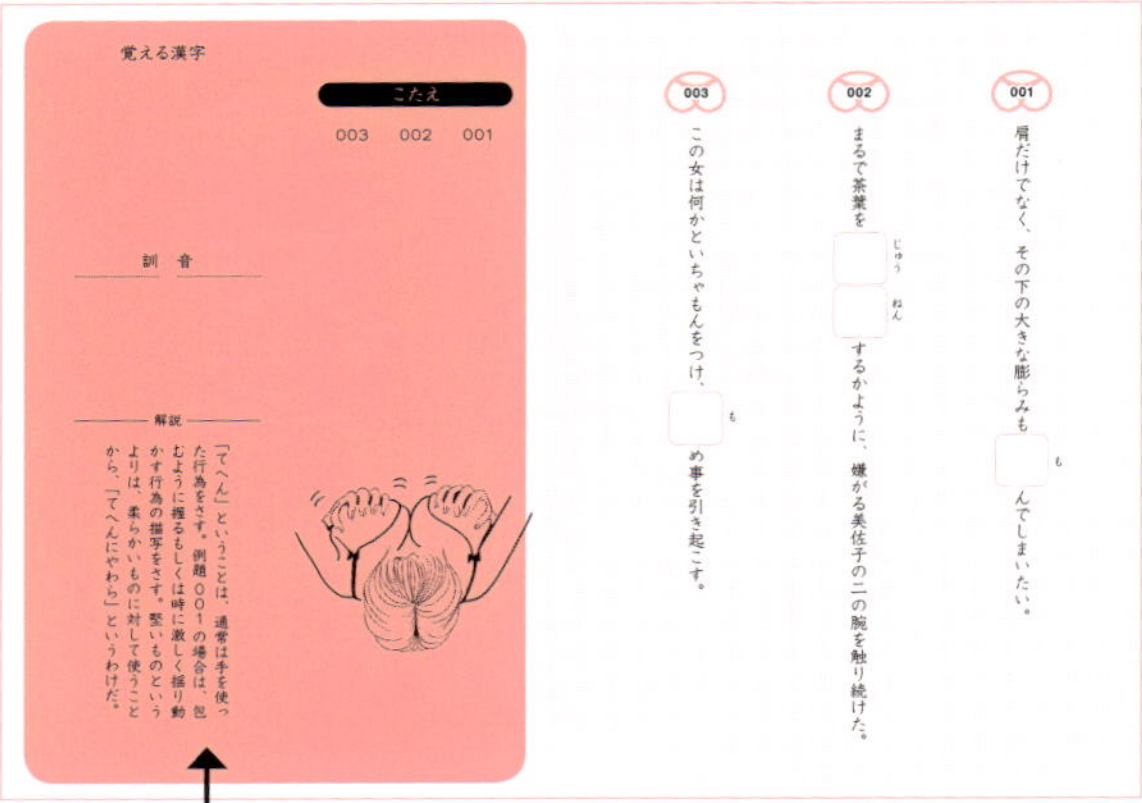

こちら側を付属の赤シートで隠す、
もしくは折り込んで隠して学習！

（5）全漢字が必ず官能小説に使われている！

すべての漢字が官能小説に使われたことのあるものです。日常使う漢字でも通称「エロ漢字」と呼ばれるマニアックな表現で使われていることが学習できます。

（6）解答が5割正解なら相当の官能小説マニア、8割できたら官能小説家超え！作家も狙える

官能小説の作家は年配の方が多く表現もそれぞれ個性的で独特です。いかに細かな描写を言葉で伝えるかの工夫を堪能してみてください。インターネットや辞書を使わずに8割解答できたら、官能小説家を超える実力です。

（7）覚える漢字が必ずマスの中に入る

「えっ、この例題に同じ漢字が入るの？」

そうです！知っている漢字でも意外な使われ方、読み方があります。

（8）男女とも飲みの席やパーティーで明るく盛り上がろう！

どれぐらいエロ漢字を知っているか、飲みながら楽しんでみるのもおススメです。

（9）うんこに負けるな、エロで勝負！

想像力、妄想力を含んだ学習は印象に残ります。覚えるために子どもがうんこなら、大人はエロで覚えましょう。

（10）さあ、挑戦だ！

全然できなくても落ち込む必要はありません。世の中生きていくためにあまり必要なことでもありませんから。ただすぐにパソコンやスマホを使って調べることはやめましょう。ここはじっくりとペンを片手に楽しく学習しましょう。

001

もう悦子を□《りょう》□《じょく》することしか頭にない昌弘は早く
その雰囲気をつくろうと必死だった。

002

和服姿の□《よう》□《えん》な女性と一緒にいられるだけで、まずは幸せだ。

003

健二に□《あお》られて服を脱いだ寿美江に、
健二は覆いかぶさるように襲いかかった。

004

舌で身体を舐め□《いじ》り、指で下を□《がん》□《ろう》された美紀は
もはや挿入を前に果てていた。

005

恥ずかしがる裕子の□《でん》□《れつ》を菊芯を開かせるように広げれば、
あとは挿入するだけだ。

006

欲情の□《たかぶ》りが引き起こると、その波はとどまることなく
何度も押し寄せた。

007

恭子は目の前に□《ひざまず》いて、奮い立ちの棹を飲み込むように口に含んだ。

008

聡子はマスクをした数人の男たちを前に、とても□《あらが》うことはできないと感じていた。

009

はじめての大きさが入ってくると、春子は□《うめ》き声を洩らした。

010

女は何度もエクスタシーの波が襲うと、□《よ》□《せん》とも思える息づかいをしながら床に滑り落ちた。

011

拘束具で身動きができないまま、三人の男たちが□《なぶ》りはじめた。

012

秘苑には□《ちょう》□《いつ》した秘液がシーツまでも濡らしていた。

001

もう悦子を凌辱することしか頭にない昌弘は早く
その雰囲気をつくろうと必死だった。

官能小説での使用頻度
★★★★★
初・中級編 24 ページで check！

002

和服姿の妖艶な女性と一緒にいられるだけで、まずは幸せだ。

官能小説での使用頻度
★★★★
初・中級編 31 ページで check！

003

健二に煽られて服を脱いだ寿美江に、
健二は覆いかぶさるように襲いかかった。

官能小説での使用頻度
★★★
初・中級編 67 ページで check！

004

舌で身体を舐め弄り、指で下を玩弄された美紀は
もはや挿入を前に果てていた。

官能小説での使用頻度
★★★★★
初・中級編 68 ページで check！

005

恥ずかしがる裕子の臀裂を菊芯を開かせるように広げれば、
あとは挿入するだけだ。

官能小説での使用頻度
★★★★★
初・中級編 72 ページで check！

006

欲情の昂りが引き起こると、その波はとどまることなく
何度も押し寄せた。

官能小説での使用頻度
★★★★★
初・中級編 34 ページで check！

007

恭子は目の前に**跪**いて、奮い立ちの棹を飲み込むように口に含んだ。

官能小説での使用頻度
★★★★
初・中級編 77 ページで check !

008

聡子はマスクをした数人の男たちを前に、
とても**抗**うことはできないと感じていた。

官能小説での使用頻度
★★★
初・中級編 88 ページで check !

009

はじめての大きさが入ってくると、春子は**呻**き声を洩らした。

官能小説での使用頻度
★★★★★
初・中級編 57 ページで check !

010

女は何度もエクスタシーの波が襲うと、**余喘**とも思える
息づかいをしながら床に滑り落ちた。

官能小説での使用頻度
★★★★★
初・中級編 49 ページで check !

011

拘束具で身動きができないまま、三人の男たちが**嬲**りはじめた。

官能小説での使用頻度
★★★★
初・中級編 93 ページで check !

012

秘苑には**漲溢**した秘液がシーツまでも濡らしていた。

官能小説での使用頻度
★★★★
初・中級編 71 ページで check !

013

檻の中の□《しず》かな黒闇がこれから美咲に起こる不安と恐怖を予感させていた。

014

定年後の□《かん》□《か》に耐え切れず、生まれて初めて風俗に出かけた。

015

「私、結婚するの」と言い出した愛子の目的は、これからもボクとの関係を続けられる自由な時間を持つため□《ゆう》□《かん》マダムになることだった。

こたえ

013 閑

014 閑暇

015 有閑

その他の言葉

閑散

閑職

覚える漢字

閑

音　かん

訓　しず(か)　ひま

解説

「閑」はひま、しずかの意。「有閑」は暇がある余裕の生活のさま。「閑暇」はすることが何もない状況をさす。官能小説では女性が複数の情交相手を持つ描写において、有閑夫人となることを目的化する表現が使われる。

016

囚われた□《し》□《たい》はあぐら縛りを施され、床に放置された。

017

疲れを訴え、横たわった香美の着物から白い□《か》□《し》が見え隠れすると、淫らな気持ちを抑えられなくなった。

018

もはやさつきの置かれた状況に、姦淫されない□《せん》□《たく》□《し》はなかった。

こたえ

016 肢体（姿態）

017 下肢

018 選択肢

その他の言葉

四肢

肢位

覚える漢字

肢

音

し

解説

「肢体」は手足をさす。「囚われた肢体」となると、作家によっては「姿態」を使うことも。しかし、その後に「縛り」とあるので、手足の意味の「肢体」が文脈上は合う。「晒された姿態」などの全体像をイメージさせるためには「姿態」が使われることが多い。

019

見境なくヤリまくった若いころを思うと、今のオレは明らかに□《い》□《び》□《ちん》□《たい》している。

020

30年ぶりの同窓会で逢った初恋の女とホテルに行ったが、当時から豹変した太い姿に□《しお》れてしまった。

021

もはやED薬を使用しても、いざホテルで□《な》える自分が虚しい。

こたえ

019 萎靡沈滞

020 萎

021 萎

その他の言葉

萎縮

萎凋病

覚える漢字

萎

音
い

訓
しお(れる)
な(える)
しぼ(む)
しな(びる)

解説

「萎」は草木の先端が垂れかかる象形と女性が両手で跪く象形の足し算で成り立つ。草木のしぼみ、しおれを意味することから、気持ちや勢いがなくなるさまを表現する。

022

育子はそのきつい言動のせいで、ことごとく争いを□《じゃっ》□《き》するので周りから敬遠されている。

023

千子の素晴らしい姿態に淫靡な気持ちが□《まね》かれた。

024

ベッドで男をとことんもてなす亜優美はまさに□《ひ》かれる魅力的な女なのだ。

覚える漢字

惹

音　じゃ　じゃく

訓　ひ(く)　まね(く)

こたえ

022　惹起

023　惹(招)

024　惹

その他の言葉

惹句

兀惹国

解説

「惹」は2文字以上の漢字が合わさる会意文字。「若」「心」が合体した漢字で熱心にひきつけられるさま。官能小説では女性の肉体的、精神的に惹かれる魅力を伝える表現で使用。「魅かれる」は若い世代で使用頻度が高いが、正しくはない。また耳から入ると、「惹起」はジャッキ、「惹句」はジャックを想像してしまうので聞き取りでの漢字化は前後の文脈が必要となる。

025

指で尖りを愛撫し続けると、面白いように小球が□《きつ》□《りつ》した。

026

別れ際に何もできなかった俺に、その女は□《きっ》□《と》して睨んだ。

027

ブラジャーを外してやると、大きな丘のような豊乳が二つ□《そばだ》っていた。

覚える漢字

屹

音

きつ

訓

そばだ(つ)

解説

高くそびえるさまや、人が棒立ちしているさま。また険しい意味が含まれることから、相手に対する厳しい行動の描写で「屹度」が使われる。イラついて「キィー!」となる」のではなく、屹度なのだ。官能小説では、陰核や乳首、肉茎など勃起するさまを比喩的に「屹立」や「屹つ」で描写表現する。

こたえ

025 屹立

026 屹度

027 屹

その他の言葉

屹然

屹兎屋山

028

悦子は昌弘の□《しゅん》□《とく》な肉茎を目の当たりにして惚れ惚れした。

029

徳子は容赦なく繰り返される抽送に□《しゅん》□《れつ》な快美を感じていた。

030

政治家の政務活動費に関しては、公私の□《しゅん》□《べつ》に妥協は許されない。

こたえ

028 峻徳

029 峻烈

030 峻別

その他の言葉

厳峻

険峻

覚える漢字

峻

音

しゅん

訓

けわ(しい)

たか(い)

解説

「峻」は人名などの固有名詞を含め音読み使用がほとんど。激しく厳しいさまの意。官能小説では「峻徳」や「峻烈」など大きさや立派さ、激しさといった印象を伝えるために使用される。

031

継母にいびられ続けた武に、父は密かに□《そく》□《いん》の□《じょう》を抱いていたが、父自身も怖くて何も手助けができなかった。

032

上司の不公平極まりない仕打ちを受ける雅夫に周りからは□《いた》む声があがっていた。

033

この悲惨な事件に□《そく》□《そく》とした感情が沸き上がってくる。

覚える漢字

惻

音	訓
そく	いた(む)

解説

哀れに思う気持ち、痛ましく感じるさま。可哀想である表現で使用する。「則」とは、生活日常を「規則」として捉えた漢字で、それにりっしんべんが付くので、非日常的現実を心でいたむという成り立ち。

こたえ

031 惻隠 情

032 惻(痛)

033 惻惻

その他の言葉

惻然

惻怛

034

絢子の□《みず》□《みず》しいピンク色の陰唇にしばらく見惚れた。

035

今度□《スウェー》□《デン》の女と付き合うことになった。

036

パンティを脱がされ、あられもなく曝された□《みず》□《ほ》な陰毛。

こたえ

034 瑞々

035 瑞典

036 瑞穂

その他の言葉

瑞光

奇瑞譚

覚える漢字

瑞

音：ずい

訓：みず

解説

艶があり若々しく新鮮なさま。あるいは良い予兆、良いことのしるしの意。スウェーデンは当て字だが、略字で「瑞」または「典」が使われる。官能小説では「艶」を使った熟語を多く使用するが、女性の色っぽさより若さを強調する表現だと、「瑞々しい」などを使用する。

037

強烈な刺戟が加わると、雪江はますます涸れた声で□《せい》□《ごう》した。

038

鞭でアリスの身体を執拗に叩けば、馬が鳴くように□《し》□《せい》をあげた。

039

はじめての肛門への抽送にかすれた鳴き声で□《いなな》いた。

こたえ

037 嘶号

038 嘶声

039 嘶

覚える漢字

嘶

音 せい

訓 いなな(く)

解説

「嘶」は吠える、鳴くの意。ちなみに「嘶声」で「しせい」とも「いななき」とも読む。日常で使用する頻度が低い漢字だが、官能小説では女性の感度の凄さの描写でよく使われる。

040

美鈴は耐え切れずその男の前で薄黄色の聖水を大量に□《せっ》□《しゃ》してしまった。

041

エアコンのない夏場の性交では汗が□《そそ》ぐように床になだれ落ちる。

042

浣腸が効いてきたのか、舞子の肉門からは黄土色の液体が洪水のように□《しゃ》□《しゅつ》され、その姿にたまらず手淫をはじめた淳は肉棒から生ミルクをドクドクと□《と》□《しゃ》した。

こたえ

040 泄瀉

041 瀉

042 瀉出　吐瀉

その他の言葉

止瀉薬

瀉血

覚える漢字

瀉

音：しゃ

訓：そそ(ぐ)　は(く)

解説

日常ではまず使われることのない漢字だが、ビオフェルミン止瀉薬（ししゃやく）などの商品名でもわかるとおり、医療では使用頻度が高い。官能小説では、より医学用語を使う傾向にある。それは言語統制時代の名残りであり、加えて想像力の増幅効果も高まるからだ。

043

うっかり青唐辛子を触った手で陰唇を愛撫したために、ヨリ子は□《ひいら》ぎはじめてしまった。

044

先を尖らせて□《うず》く乳首を指で強めに摘んで捻じってやると、三千代の声は一層大きなものになった。

045

長年の暴飲暴食がたたり、慢性的□《とう》□《つう》に悩まされる。

覚える漢字

疼

音

とう

訓

ひいら(ぐ)
うず(く)
いた(む)

こたえ

043 疼
044 疼
045 疼痛

その他の言葉

疼腫
疼木

解説

「疼」はひいらぎが語源。ひひらぐ、ひいらぐはヒリヒリ痛む意。植物の疼木（柊）や疼痛などは、ズキズキ、ヒリヒリといった痛みの表現から名が付いた。うずくも同じ状況表現となる。官能小説では「疼き」を女性が感じる期待感を待つ描写で使われる。

046

我が子の□《もり》をしにくる若い家政婦のエプロン姿にときどきムラッとする。

047

秀乃を抱いた光吉は「ワシの子の□《ふ》□《いく》をしろ」と秀乃に言い聞かせた。

048

則裕はもはや身寄りのない洋子に□《かしず》きたい気持ちでいっぱいであった。

こたえ

046 傅

047 傅育

048 傅

その他の言葉

傅役

子傅

覚える漢字

傅

音

ふ

訓

かしず(く)

もり

いつ(く)

解説

「傅」は身を守る、世話をする意。「傅育」は身分の高い人の子に付いて大切に育てること。「子守り」はもともと「傅（もり）」を語源とする。感情表現として旧い言葉だが、性的描写において女性が男性を満足させるさまを表現することに使用される。

049
孝子は着物の裾を□《まく》り上げ、足袋の上側からの白肌を見せてきた。

050
真子の厭らしい□《めく》れ加減の上唇に、この子は相当口淫が上手いだろうと期待した。

051
日本の液晶事業の□《けん》□《ど》□《ちょう》□《らい》を期待したが、そう易々とはいかなそうだ。

こたえ

049 捲
050 捲
051 捲土重来

その他の言葉

捲縮
席捲

覚える漢字

捲

音
けん

訓
めく(れる)
まく(れる)
ま(く)

解説

手で巻く、束ねるが漢字の成り立ち。「捲る」という表現は幼少期のスカート捲りのように誰もが言葉として知っているが、漢字で覚えた記憶はあまりないだろう。性的描写ではこのまくる、めくるという表現がチラリズムを想像させ、その先の展開を読みたくさせる重要な言葉となっている。

052

裕子のツルツルとした□《えき》□《か》の窪みを舐め回してみると、□《えき》□《が》のように突起した疣があることに気づいた。

053

本物の脚フェチはヒラメ筋より膝関節後ろ側の□《しっ》□《か》□《ぶ》の窪み具合で良し悪しを判断するものだ。

054

もはや無防備ともいえる恵子の後ろに回り込み、□《わき》の□《した》から大きな乳房を揉みはじめた。

こたえ

052 腋窩　腋芽

053 膝窩部

054 腋下

その他の言葉

腋臭　両腋　蜂窩　眼窩

覚える漢字

腋　音：えき　訓：わき

窩　音：か　訓：あな　むろ　いわや

解説

「腋」「窩」とも医学用語として使われる。腋は「亦」から派生した漢字で、両腕を広げた象形文字が「亦」となり、夜は昼間のわきにある時間をさすことから、ニクヅキに夜で人の腕のわきとなった。窩はくぼみの意。ヒジ、ヒザ、ワキなどの関節部分には窪みがあり、その部位をさす。女性のこれらの部位の窪みにフェチズムを感じる男性もいる。

055

亜美は郁夫には何か違う魂胆があるのではないかと□《かい》□《が》の目で疑った。

056

成子は隆之との会話から自分に性的要求をしているように感じて□《いぶか》しげに眼を見上げた。

057

裸体を曝した凛子はここに義則と二人しかいないようには思えず、他にも人がいる気配を感じて□《け》□《げん》な表情を浮かべた。

こたえ

055 怪訝

056 訝

057 怪訝

覚える漢字

訝

音　が　げ

訓　いぶか(る)　いぶか(しい)

解説

怪しく思う、疑うさま。官能小説では女性の不安のさまを表現するときに使用される。訝られる不安や恐怖を疑う、男性の意図していることが理解できない女性の心理を伝える言葉である。

058

由貴子の脚を緩やかに開かせ、内股から□《そ》□《けい》□《ぶ》を撫で回してやると、腰をヒクヒクさせ淫裂からはねっとりと秘液が流れ出した。

059

まるで□《なま》□《こ》の吐き出しのように粘りをともなった精液がドクドクと先から吐出された。

060

お友達に有利な便宜を図った□《ねずみ》色の行為があると指摘の声があがる首相は□《せい》□《けい》□《だい》□《がく》出身だ。

こたえ

058 鼠蹊部

059 海鼠

060 鼠　成蹊大学

その他の言葉

小蹊
蹊径
殺鼠剤
栗鼠

覚える漢字

蹊
音　けい
訓　こみち　みち

鼠
音　そ　す
訓　ねずみ

解説

「鼠蹊部」は股間の脚の付け根の三角地帯。俗に言うパンティラインの部位をさす。性感帯となっていて愛撫シーンには欠かせない言葉。「海鼠」は男性器の表現として使用する作家もいる。「蹊」も「鼠」も使い慣れない漢字だが、「窮鼠猫を噛む」といったことわざや成蹊大学のような有名校もあり、書けるようにしたい漢字だ。

061

北と南の境界線では常に□《うか》□《み》を置いて緊張状態だ。

062

美津子はこの男が次に何をしてくるのか不安ながらも、伸びた手で愛撫されることは□《き》□《ち》していた。

063

麻美子は健一に後ろから抱き締められ、うなじに頬が擦り寄ると、ビクンとして健一のほうを□《うかが》った。

こたえ

061 窺見

062 窺知

063 窺

その他の言葉

管窺

窺測

覚える漢字

窺

音　き

訓　うかが（う）

解説

「窺」は「伺」のような尋ね聞く意味ではなく、様子を見る意。あなかんむりに規則の規と覚える。穴から（男＝夫）がのぞき見るで成り立つ漢字である。家の中を窺うなどの様子を見る描写で使われる。官能小説では女性の心理描写でそぶりを表現することが多い。

064

今まで友達としか思っていなかったが、暗がりで□《へん》□《ぼう》しはじめ、抱きついてきた。

065

その□《かお》□《かたち》のつくりすべてが整っている女性。

066

こんなダサい□《ふう》□《ぼう》の俺など、完成度の高い□《び》□《ぼう》を振りまくあの女性にはどうせ相手にもされないだろう。

こたえ

064 変貌

065 顔貌

066 風貌　美貌

その他の言葉

全貌　容貌

覚える漢字

貌

音：ぼう

訓：かたど(る)　かたち

解説

ありさまや様子の意。むじなへんの漢字は哺乳動物の固有名詞に使われていたが、けものへんに簡略化されるケースが多くなった。狸も猫もむじなへん出身だ。本家である貉（むじな・アナグマ）も貉と表記されることがほとんど。ちなみに「豹」はむじなへんで生き残っている。

067

もうこの年で女房以外に別の女が欲しいとは思わない。
しかし□《よ》□《とぎ》をしてくれる女性がいたら嬉しく思う。

068

罰当たりだが、静けさのある□《が》□《らん》にいると淫靡な気持ちが湧いてくる。

069

育代は漂う□《きゃ》□《ら》の香りに焚きつけられ、激しく腰を動かしはじめた。

覚える漢字

伽

音　か　が　きゃ

訓　とぎ

こたえ

067　夜伽

068　伽藍

069　伽羅

その他の言葉

僧伽　喩伽

解説

「伽」は人＋加で人によって力の作用や言葉（祝詞）を加えること。夜伽話とは徹夜で語り明かす意だが、夜伽の本来の意味は男性の意思に女性がしたがい共寝、添い寝をすることをさす。男女が夜を共に過ごすという期待ははるか昔から男性の願望であった。「伽藍」「伽羅」は仏教梵語の音訳漢字。

070

康子の膣口の中にはぬめった□《び》□《にく》がときにギュと締まり、肉棒を包み込んでくる。

071

百合子は帰りたくないのだろう。私の腕に絡みつき□《こ》びてきた。

072

さちえの□《じゅう》□《び》な下唇に舌を這わせ、口内で絡ませる。

媚

音　び

訓　こ（びる）

こたえ

070　媚肉

071　媚

072　柔媚

解説

「媚」は官能小説では頻繁かつ多様に使用される。会話や態度であれば、「媚びる」が使われ、艶めかしい、美しい意味では「柔媚」「媚態」など熟語としてそのさまを表現する。「媚びた陰唇」とあれば、艶めかしい（美しい）陰唇と解釈する。

その他の言葉

媚獣

媚芯

073

敏雅はなつみの秘裂を親指と中指で広げて媚芯を人差し指で□《ついば》みはいじめた。

074

その女は自分の開いた股間にボールペンを近づけ、□《き》□《つつ》□《き》のように肉芯をいじり出した。

075

□《いし》□《かわ》□《たく》□《ぼく》の名が注目されたのは雑誌「明星」で発表された長詩「愁調」からである。

覚える漢字

啄

音　たく

訓　ついば(む)

こたえ

073　啄

074　啄木鳥

075　石川啄木

解説

啄むとは、鳥がくちばしでつつくように餌を食べるさまをさす。この啄む行為は指を使った愛撫の描写で使われるが、器具を使った描写でリアル感を出す作家もいる。

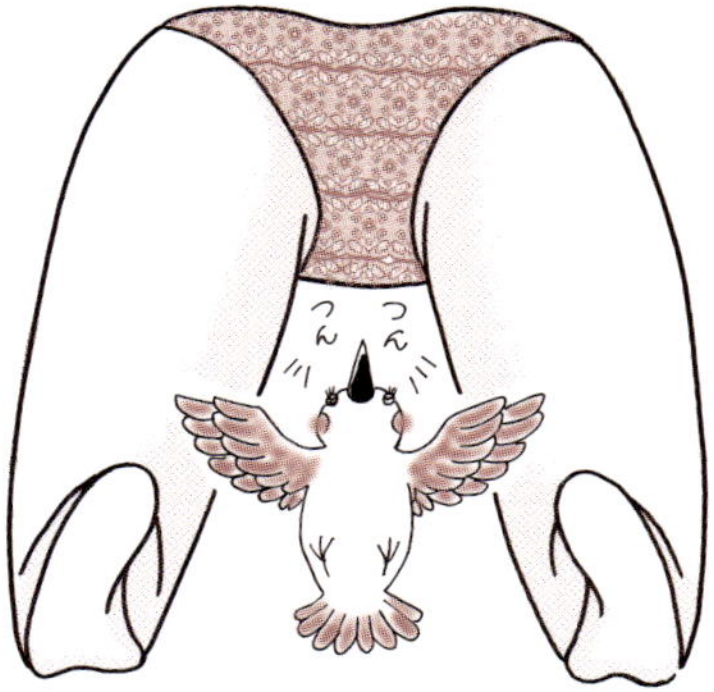

076

ぐったりと横たわった千夏の肉唇をさらに□《ねんご》ろに弄んでやると、さっきまでと変わらない喘ぎ声をあげ出した。

077

子どもの部活の□《こん》□《しん》□《かい》で知り合ったお母さんとホテルに行った。

078

風呂場で千恵子の肉門をゆっくり□《こん》□《せつ》□《てい》□《ねい》に浣ってやれば、その後そこに肉棒が入り込むことが分かるだろう。

覚える漢字

懇

音　こん

訓　ねんご(ろ)　ひら(く)

解説

響きのイメージがあまり良くないからだろうか、懇ろという表現を日常ではまず使わない。時代劇やヤクザ映画で「おう、懇ろよ」と言ったセリフが出てくることがあるが、これは親密、親しく仲が良いという意味。男女の間柄でも「懇ろよ」となれば、男女関係が成立していることをさす。根の如く密に絡み合うさまが語源で、それが親身、親密の意となった。

こたえ

076　懇

077　懇親会

078　懇切丁寧

その他の言葉

開墾

墾田永年私財法

079

どんな□《こじつ》けでもいいから、あの女性に近づける方法を考える。

080

見た目は□《つく》ね□《いも》のようにグロテスクだが、女はこいつを入れると、泣き叫ぶように悦ぶ。

081

巨乳は乳首辺りを□《こ》ねるように掻きあげてやるのが感じやすい。

覚える漢字

捏

音

ねつ
でつ

訓

こ(ねる)
つく(ねる)
こじつ(ける)

こたえ

079 捏

080 捏 芋

081 捏

その他の言葉

捏造
捏ね揚げ

解説

漢字は至って簡単な構成で、てへんに日、土である。手で日常から土をこねることから「捏ねる」となった。また、つくねもこねたものを意味する。ただ本来の意味である「手でこねて作り上げる」から「でっちあげる」意味で多く使われ、新聞やニュースで「捏造」という言葉を見かけることが多くなった。

082

その女の艶めかしい裸体に理性の欠片なく、肉棒を□《ほん》□《ば》のように押し入れた。

083

隣の席にいつもすまし顔で座る同級生だが、噂では合コンで相当□《いん》□《ぽん》な娘らしい。

084

傘肉から我慢に耐えた白いマグマが勢いよく□《ほん》□《しゅつ》しはじめ身震いした。

覚える漢字

奔

音　ほん

訓　はし(る)

こたえ

082　奔馬

083　淫奔

084　奔出

その他の言葉

奔放　奔走

解説

勢いよくほとばしるさま。または走る、駆け回る意。淫奔は性的にだらしない意味で、女性に対して使う言葉。自由奔放やクレームに奔走するなど日常でも使用する漢字であるが、官能小説では勢いあまるさまや、だらしなさを表現することで使われる。

085

潤子は結婚したら達郎との淫靡な関係を続ける気はなく、二人の間には逢うたびに□《あつ》□《れき》が生じはじめていた。

086

舞の痩せた身体に極太の肉棒が入り、大きな抽送を繰り返されるたびに舞の骨が□《きし》むような音がした。

087

あれだけ可愛がっていた猫がクルマに□《ひ》かれてしまった。

覚える漢字

軋

音　あつ

訓　きし(む)　きし(る)

轢

音　れき

訓　ひ(く)　きし(る)　ふみにじ(る)

こたえ

085　軋轢

086　軋

087　轢

その他の言葉

軋辞　軋音　轢死　轢殺

解説

両漢字ともくるまへんであることを理解。もとは両輪が軋んで上手く回らなくなる意から、軋轢は噛み合わずにぎくしゃくして仲が悪くなることをさす。

088
ホテルでシャワーを浴びている隙に、女が私の財布から お金を□《かす》めたのがガラス越しに見えていた。

089
奈美を□《りょう》□《ち》すると、腰を動かしながら□《かす》れた声で喘いだ。

090
大柄な男数人に脅かされ一緒にいた彼女を□《りゃく》□《だつ》されてしまった。

こたえ

088 掠
089 掠笞　掠
090 掠奪（略奪）

その他の言葉

侵掠
私掠船

覚える漢字

掠

音
りゃく
りょう

訓
かす（る）
かす（める）
さら（う）
むち（う）（つ）

解説

素早く盗む、人のものを取る、またはしわがれた声の意。かする、かすれるは同じ読み方でも使い方が違う。略奪は本来は掠奪が正しいのだが常用漢字でないため、同じ読み方の「略」があてがわれている。

091

その少女は現代に似つかわしくないつぎはぎだらけの□《らん》□《る》を纏っていた。

092

突き出した臀裂を手で開いてやると、□《はこ》□《べ》のような肉穴が丸見えとなった。

093

プレゼンの劣勢を取り戻せるかと□《いち》□《る》の望みをかけたが、先方には必要のない□《る》□《ちん》でしかなかった。

覚える漢字

縷

音
る
ろう

訓
いと
いとすじ
ぼろ
くわ(しい)
こま(かい)

こたえ

091 襤縷(襤褸)
092 繁縷
093 一縷　縷陳

その他の言葉

縷説
線縷

解説

いとへんに口、口、十、女と組み立てているパーツ漢字はどれも難しいものではないが、漢字の合体方法が難解。日常では「一縷の望み」ぐらいしか使わないので、他の熟語ではイメージが沸かないかもしれない。とくに繁縷は難読。

094

さゆりはパートナーと死別した寂しさを紛らわすことができず、□《はん》□《もん》としていた。

095

肉体的快楽への欲求という□《ぼん》□《のう》に苛まれるが、もはやそれなしでは生きていけないひろみの心身。

096

友人の奥さんからセフレの申請が来たが、□《わずら》わしいだけだ。

こたえ

094 煩悶

095 煩悩

096 煩

その他の言葉

煩雑

煩労

覚える漢字

煩

音
はん
ぼん

訓
わずら(う)
うるさ(い)

解説

頁は頭をさす。ひへんに頁だから、頭に熱をおびる＝頭痛となり、思い悩む、わずらわしいを意味する。煩悩は仏教用語なので「梵」と同じ読みをする漢字をあてがった熟語となる。

097

洋子の□《から》びた膣口からも、もう男性との情交など気にもしていなかった。

098

かつて性欲旺盛だった由利恵からは今の□《か》れ□《は》てた姿など、想像すらできなかった。

099

「お願い、水を、水を」由希子は刺戟に喘いで喉が張り付いたようで、□《こ》□《かつ》を訴えていた。

覚える漢字

涸

音

こ

訓

かれ(る)
から(びる)
つ(まる)
こお(る)

こたえ

097 涸

098 涸(枯)果

099 涸渇(枯渇)

その他の言葉

涸沢カール
涸沼自然公園

解説

水気がなくかれたさまをさす。官能小説ではエロティックなイメージを湧き立たせるため、さんずい、りっしんべんなどで構成される熟語がよく使われる。そのセオリーから日常で使われる「枯渇」よりは「涸渇」、「枯れ果てる」よりは「涸れ果てる」が適している。「涸びる」は松本市にある絶景「涸沢カール」を思い浮かべられればイメージできる。

100

憲次の猛烈な□《かつ》□《あい》ぶりに怖さを感じた弘子は徐々に距離を置くことにした。

101

「早くぅ、もう早くぅ」抽送を焦らされた満子は、肉棒挿入の□《かつ》□《ごう》に喘いだ。

102

愛撫をしても変わらぬ秘膣の□《かわ》きが俺にはもう心を開いていない証左だった。

こたえ

100 渇愛

101 渇仰

102 渇

その他の言葉

渇望

飢渇

渇

音
かつ
けつ

訓
かわ(く)
むさぼ(る)

解説

36ページ例題099の「涸渇」で出てきた漢字。「渇」は水を飲みたいと思う生理的欲求のさま。「渇愛」は激しい愛着や止めどなく愛する感情の意。「渇仰」(かつぎょうとも読む)は心から憧れ慕う意味だが、官能小説では生理的に我慢できないぐらい欲しがる意味で使われる。

103

昌之はそれまで築いた社会的信用をかなぐり捨て、□《きん》□《き》を破り人を人と思わない畜生の道を進む決意をした。

104

このさい、□《き》□《たん》のない意見がもらえると嬉しい。

105

5年前、一人の□《はばか》る男が起こした悲惨で□《い》まわしい事件から俊子は男を遠ざけ、拒絶してきた。

覚える漢字

忌

音 き

訓 い(む)　い(まわしい)

憚

音 たん

訓 はばか(る)

こたえ

103 禁忌

104 忌憚

105 憚　忌

その他の言葉

忌中　忌避　憚服　畏憚

解説

「忌」は嫌う、不愉快、慎むの意。「憚」は避ける、畏れ多い、遠慮するまたは威張る、幅をきかすの意。りっしんべん＋口＋口＋日＋十で構成される。「禁忌」はしてはいけないタブー、禁断の意。官能小説では「禁断の愛」などの表現を嫌う作家もいて、「禁忌を破る」などの表現に置き換えて文脈を整える手法が使われたりする。

106

大きく開いた陰唇、その中心の□《うろ》が中に入れろと喘いでいるようだ。

107

詩織の□《はな》□《ほら》が肉棒を弱々しくも締め付ける心地よさが堪らない。

108

臀部からのぞく裏の□《にく》□《どう》を眺めると、そこへ入れ込みたくなる気持ちが抑えきれなくなった。

こたえ

106 洞

107 花洞

108 肉洞（肉道）

その他の言葉

洞窟

洞穴

覚える漢字

洞

音：どう

訓：ほら　うろ　うつろ　つらぬ（く）

解説

水が通り抜ける同じ大きさの筒状の穴が成り立ち。官能小説で使われる頻度が高い漢字。作家によって表現方法はさまざま。洞肉、肉洞、洞窟、洞穴、花洞、鍾乳洞と多彩に表現される。また膣を表現することもあれば、肛門での使用もある。「裏の洞」「洞門」などは後者の表現だ。

109

調教がはじまってまもなく、麻衣子はすべての服を剥ぎ取られ、用意されていた□《かん》□《せい》の中に投げ入れられた。

110

修の仕掛けた□《かん》□《せい》に嵌った葉子は、そのまま多勢の男たちの前に露な姿を曝すことになった。

111

熊の出没に悩む自治体は山のふもとに□《おとしあな》を作ることにした。

覚える漢字

穽

音　せい

訓　おとしあな

こたえ

109　檻穽

110　陥穽

111　穽

解説

「穽」は落とし穴のこと。あなかんむりに井で構成される。「陥穽」は動物などが落とし穴に落ちる、人を陥れる策略をさす。「陥穽に嵌る」「陥穽に陥る」などの使い方。一方、同じ読み方の「檻穽」は檻と落とし穴を指す言葉で、おもにＳＭ小説などで女性を檻に入れ調教するさまを表現する。

112

赤くヒクヒクと動き出した菊の蕾にバイブを□《こ》じ開けるように捻りを加えながら入れていく。

113

喘ぐ久美子の肉洞を一層烈しく肉棒で□《えぐ》ってやると、獣の呻き声に変わっていった。

114

疑惑の晴れない連続強姦事件を□《てっ》□《けつ》してみせる。

こたえ

112 抉

113 抉（剔）

114 剔抉

その他の言葉

抉出　抉摘　剔去　剔出

覚える漢字

抉

音　けつ

訓　えぐ(る)　こ(じる)　こじ(る)

剔

音　てき　てい

訓　えぐ(る)　そ(る)

―― 解説 ――

「抉」「剔」とも穴をあける、掻き出す、掘る、くりぬくの意。したがってどちらも訓読みは「えぐる」が共通している。官能小説では「穴」に関する記述が多く、挿入や抽送の行為の描写をさらに具体的に伝えるために使用される。

115

恵子はホテルを出るとそれまでの淫らな女のかけらも感じさせずに、キャリーバッグを引きずりながら□《さつ》□《ぜん》と空港へと仕事に向かった。

116

劣勢だった選挙戦が、ライバルの失言から□《はやて》のように形勢が変わった。

117

目の前に現れたのは仁王立ちする□《さっ》□《そう》とした女王様だった。

覚える漢字

颯

音　さつ　そう

訓　はやて

こたえ

115　颯然

116　颯

117　颯爽

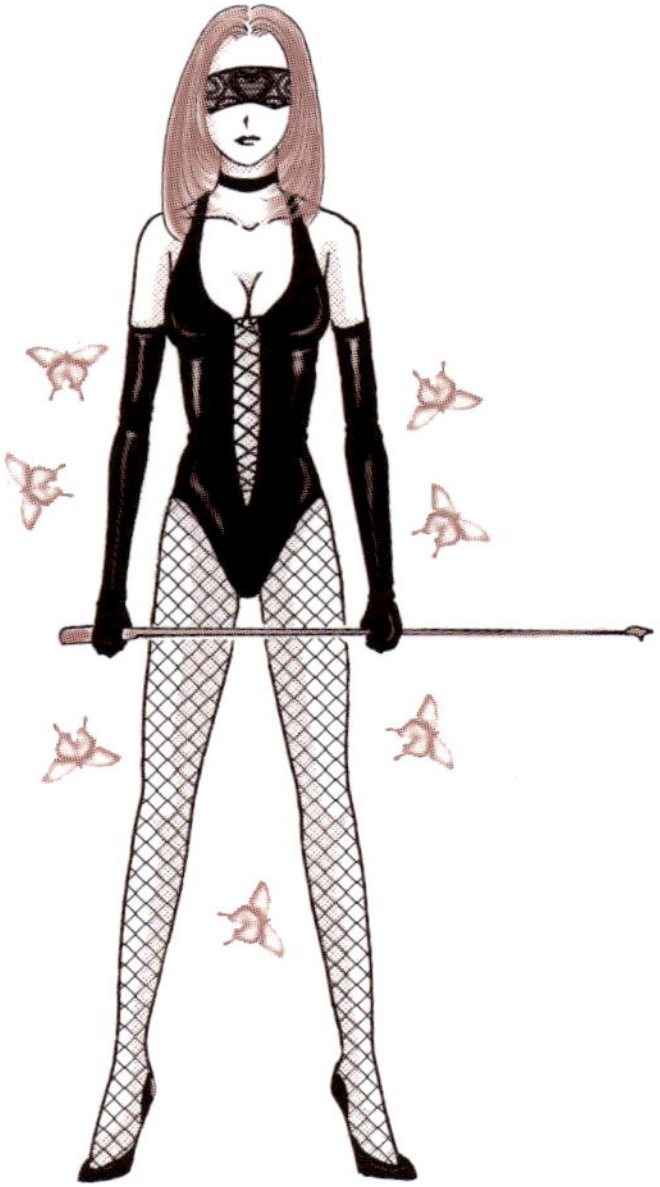

解説

急に速度のある風が吹くさま。「颯然」は風を切るようなさま。「颯爽」はキリッとしているさまをさす。相手の出で立ちやスタイル、またはその動作を表現する時に使用される。

118

恵理子は束ねていた□《しな》やかな長い黒髪を解いてベッドに横たわり、私を手招きした。

119

月子の柔らかな□《せん》□《もう》の群れを指で通り抜け、その指を淫裂へと這わせた。

120

ファッション界に携わる人なら誰でも知っている□《せん》□《けん》□《しん》□《ぶん》。

こたえ

118 纖

119 纖毛

120 纖研新聞

その他の言葉

纖維
纖細

覚える漢字

纖

音：せん

訓：ほそ(い)　ちい(さい)　しな(やか)

解説

「織」と誤記することが多いが、同じ糸の関連でも「纖」は糸そのものをさす。官能小説では陰毛をさまざまな熟語で表現することが多い。「柔毛」「勁草」「繁み」など多彩だ。なかでも「纖毛」は多くの作家が使用する。「群れた纖毛」「漆黒の纖毛」といった表現で細さや柔らかさをともなっていることを想像させる。「恥毛」「おけけ」などの表現はレベルが低いとされる。

121

隣で無防備に浴衣姿で寝ている女を、まずは襟から手を入れてやり、胸から□《じゅう》□《りん》しはじめた。

122

よし子は浩司にさんざん心身とも□《ふ》み□《に》じられ奴隷と化してしまった。

123

陰唇を指でよく□《にじ》ってやると、次第に驚くような喘ぎをあげてきた。

覚える漢字

蹂

音　じゅう

訓　ふ(む)

躙

音　りん

訓　し　ふ(む)　にじ(る)

こたえ

121　蹂躙

122　蹂(踏)　躙

123　躙

その他の言葉

蹂若

雑蹂

躙口

躙り上り

解説

「蹂躙」とは踏みにじる、または他を支配したり、侵略すること。両漢字とも「ふ(む)」と読むが、「躙」はにじるで多く使われる。「蹂」はあしへん＋柔、「躙」はあしへん＋門＋焦−れっか(下の点4つ)で構成される。「躙り寄る」はジリジリ近づく意。「指で躙る」では押し付けてすり動かすの意となる。

124

喜美子にはすでに淫靡な心が支配していたが、それよりも肉体に猛烈な□《そう》□《よう》□《かん》が襲っていることが堪らなかった。

125

躙られ続けた秘苑にはねっとりとした秘液が溢れ出し、それがまみれてむず□《がゆ》さが湧き起こっていた。

126

孝子は強烈な刺戟にシーツで全身を□《か》き毟るように身体をくねらせ、□《あ》□《が》いていた。

覚える漢字

搔

音　そう　しょう

訓　か(く)

痒

音　よう

訓　かゆ(い)　や(む)

こたえ

124　搔痒感

125　痒

126　搔　足搔

その他の言葉

搔巻　搔把　痒疹　痛痒

解説

むずむずとしてかゆいことの医学用語として搔痒感は使われる。「搔」はてへん+又+虫、「痒」はやまいだれ+羊と漢字の構成の難易度は低く、一度覚えれば書けるようになる。例題126の「足搔き」は一般でも多く使用されるが、漢字記述は意外と少ない。

127

美香はその男に魅了され、□《どん》□《らん》な好奇心から今にも服を脱ぎ捨て情交をはじめたいと感じていた。

128

孝弘の年甲斐もない□《たん》□《いん》な行動に世間は呆れていた。

129

風俗でたまたま好みの女に当たり、身体を□《むさぼ》ったが、会計で驚くくらいの高額を□《ぼ》られた。

覚える漢字

貪

音　どん　たん

訓　むさぼ(る)　ぼ(る)　よくば(る)

婪

音　らん

訓　むさぼ(る)

こたえ

127　貪婪

128　貪淫

129　貪(婪)　貪

その他の言葉

貪欲　貪愛

解説

両漢字とも構成は簡単で、「貪」は今＋貝、「婪」は林＋女。「貪」は含むの下が貝であることから、金品＝貝を含み込むで欲深いとなった。「貪婪」は欲深く、すぐにでも自分の思い通りにしたい心理をさす。官能小説ではよく使用される熟語だ。

130

社長から「オマエの□《ざい》□《きゅう》は隠蔽だ」と詰め寄られた。

131

「俺の女房とヤッただろう」と同級生に□《とが》められたが、何とかしらばっくれて逃げ切った。

132

由美を天井に縛り吊るし、その淫らな裸体を鞭で□《とが》□《う》ちした。

こたえ

130 罪咎

131 咎

132 咎打

その他の言葉

悔咎

咎人

覚える漢字

咎

音 きゅう

訓 とが(める)

解説

罪、あやまちを問いただす、罪に心を痛めるの意。「罪咎」は罪科をさす。咎打ちは江戸時代に行なわれた拷問のひとつで鞭打ちの刑のこと。自白をしないと更なる強力な石抱き、釣責といった拷問に向かう。

133

藍子は主人の突然の訃報に□《てい》□《きゅう》した。

134

戦慄の刺戟に敏子はすすり□《な》きから□《てい》□《こく》へとエスカレートした。

135

この残虐な殺意を目の当たりにし、恐怖に接して□《どう》□《こく》した。

覚える漢字

啼

音　てい

訓　な(く)

哭

音　こく

訓　な(く)

こたえ

133　啼泣

134　啼(哭)(泣)　啼哭

135　慟哭

その他の言葉

啼血　啼鳥　哀哭　号哭

解説

両漢字とも涙を流して大声で泣く意。同じ意味の漢字でも「鳴く」「泣く」は一般的に使用されるが、この両漢字は相手を泣かせることに悦楽感がある場合や、突然の悲報に号泣するさまで使われる。「啼哭」はこれらの漢字が組み合わさって、極めていることを強調する表現となる。「哭」は口＋口＋犬で構成される。

136

調教部屋にはさらにそこから抜け出られぬよう別に□《かこ》いが施されていた。

137

毎晩のように□《ほう》□《らつ》を繰り返す馬鹿娘だが、あっちの具合は良い。

138

隣人とのトラブルはいくら話をしても□《らち》が明かないので、警察を呼んだ。

こたえ

136 埒（囲）

137 放埒

138 埒

その他の言葉

不埒者

埒外

覚える漢字

埒

音：らち　らつ　れつ

訓：かこ（い）

解説

「埒」は区切り、仕切り、柵の意。不埒は道理に外れていること。「放埒」は勝手気ままに振る舞う、酒色にだらしがないことをさす。決まらない、区切りがつかない意味で「埒が明かない」という。官能小説では不埒や放埒など、道を外れた男女の表現で使用する。

139

目の前で微笑む□《めい》□《ぼう》□《こう》□《し》なこの女性と何とか一夜を共にできないだろうか。

140

大きく見開いた礼子の□《そう》□《ぼう》に吸い込まれるような昂奮をおぼえた。

141

目玉フェチの私は純子の大きな□《ぼう》□《し》を舌で舐めはじめた。

覚える漢字

眸

音　ぼう

訓　ひとみ

こたえ

139　明眸皓歯

140　双眸

141　眸子

解説

「眸」は瞳と同じ。瞳との違いはほぼない。官能小説では、女性のより見開いた瞳孔の美しさを表現するためにこの漢字を使用する作家も少なくないが、あえて熟語で想像を掻き立てる。漢字の構成はめへん＋ム＋牛と簡単。「明眸皓歯」とは澄んだ瞳と美しい白い歯がそなわった女性のこと。

142

調教部屋には女が□《だっ》□《ふん》したにおいがむせるおもいを催させた。

143

女王様の□《ふん》□《にょう》で□《けが》れたいと熱望するM男。

144

せっかく作ったゲームだったが、世間からは「□《くそ》ゲー」と呼ばれてしまった。

こたえ

142 脱糞

143 糞尿　糞(汚)

144 糞

糞

音　ふん

訓　くそ　けが(れ)　はら(う)　つちか(う)

解説

うんこやうんちだと、くすっと笑える愛着があるが、糞という表現ではリアルが込み上げる。この漢字に余計な説明はいらないだろう。ぱっと見ると難しい漢字に見えるが、米＋異と構成は至って簡単だ。

145

恵美子の高原に群れなす□《ほうき》□《ぎ》のように丸くかたどられた蜜毛の下側に、指を這わせてやる。

146

拘束具で身動きの取れない女に今度は□《は》□《ね》□《ぼうき》で擽ってやる。

147

逆さ吊りされた葉子の身体に□《ほうき》□《じり》を打ち付けると、たちまちに皮膚が赤く腫れ上がっていった。

こたえ

145 箒木

146 羽根箒

147 箒尻

その他の言葉

箒星

竹箒

覚える漢字

箒

音：そう　しゅう

訓：ほうき　は（く）

解説

官能小説に限らず、文芸小説や歌詞など多くの文章に使われる漢字。ミスチルの曲「箒星」をはじめ、ユーミンの歌詞にも箒星は使われる。箒星は彗星のこと。「箒尻」は江戸時代の拷問で使われていた道具で、途中を二つに割った竹刀または竹の棒。皮膚に対する打撃が強くなることから、より重い罪や自白しない段階でこの道具を使った。

148

目の前にある太くどす黒く伸びた棹に佳代は猛烈な□《だ》□《い》にかられ、右手を添えるとすぐさま口に含んだ。

149

順子の□《しだ》れたバストが更なる熟女を感じさせ雅樹は昂奮した。

150

久しぶりに男との営みがはじまろうとすると、年甲斐もなく瑞穂の□《みみ》□《たぶ》が赤らんだ。

覚える漢字

朶

音　だ　た

訓　しだ（れる）　えだ　うご（かす）

こたえ

148　朶頤

149　朶（垂）

150　耳朶

その他の言葉

歯朶　万朶

解説

「朶」は（実や花をつけて）膨らんだ枝の意で、漢字も「膨らんだ」＝乃＋枝＝木とシンプル。「孕」と同じ原理で構成される。その漢字の意味で「耳朶」も想像できるだろう。「朶頤」は羨み欲しがる意。官能小説では平仮名で読みやすくするよりも漢字の持つイメージを使い、読み手に描写の想像を持ちかける。

151

ゆっくりと亮子の服を剥がしていくと、身体の白さが露になるにつれて驚くような透き通った肌の美しさに□《どう》□《もく》した。

152

「お久しぶり」と目の前に30年来の親友と腕を組んだ前妻が現われ、□《どう》□《じゃく》□《きょう》□《たん》した。

153

こんな美人さんが今日のボクの相手と分かり、思わず大きく息を吸い込み、眼を□《みは》った。

覚える漢字

瞠

音　どう

訓　みは(る)

こたえ

151　瞠目

152　瞠若驚嘆

153　瞠

解説

「見張る」では驚くその行動の臨場感が薄くなるので、使用する作家はまずいない。「瞠目」は（思わず）見つめる、目を大きく開く意で、「見入る」の意味が強い。

154

朶れた乳房は□《おぼろ》□《まん》□《じゅう》のような上皮のない乾燥した肌触りだが、その膨らみには弾力を感じた。

155

もはや私の眼には目の前にいる女性の顔すら□《おぼろ》□《づき》にしか見えなくなっていた。

156

吊るされたまま嬲られた千佳はすでに□《もう》□《ろう》としていた。

こたえ

154 朧饅頭

155 朧月

156 朦朧

覚える漢字

朦
音 もう
訓 おぼろ

朧
音 ろう
訓 おぼろ

解説

朦朧という漢字は誰でも知っているが、書き取りでは手こずる。「朦」はつきへん＋くさかんむりにわかんむりの家の中に「一」を入れ込む。「朧」はつきへん＋龍。両漢字とも「おぼろ」と読むが、「おぼろ」は朧が使われる。

157

千夜子のヘソから指を下へと這わせ、□《い》□《しゅう》の□《おか》まで辿れば、あとは喜悦が湧き起こるのを待つだけだ。

158

初めての経験で少し怖がる理沙の□《い》□《しゅく》した股間を指でほぐしてやれば、ことはスムーズに運ぶ。

159

□《はりねずみ》のような剛毛の茂みを指でジャングル探検していく。

覚える漢字

蝟

音：い

訓：はりねずみ　むら（がる）

こたえ

157 蝟集　丘

158 蝟縮（萎縮）

159 蝟（蝟毛）

解説

陰毛の比喩的表現で使用。はりねずみが群がったような恥丘をさす。「蝟縮」は本来の意味である、はりねずみが縮こまるように怯えているさまなので、萎えて縮む「萎縮」よりは描写を想像しやすい。漢字の構成はむしへん＋胃とシンプル。

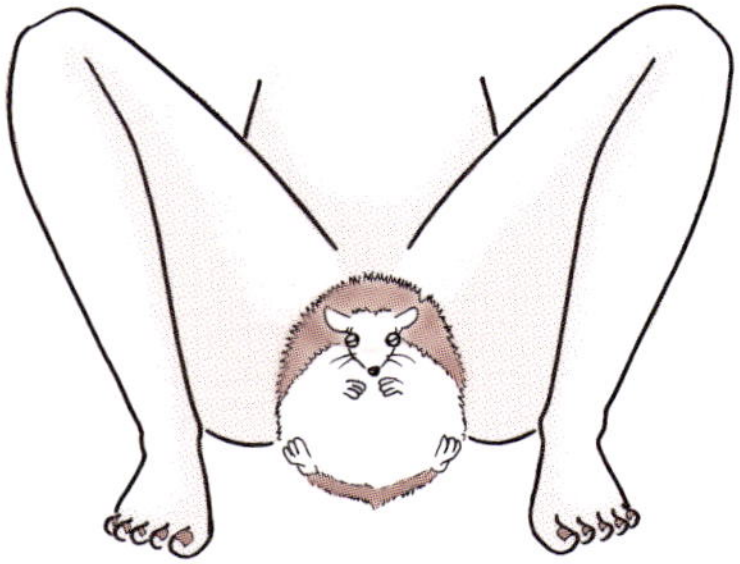

160

うなじから□《えい》□《ふう》のツボへと舌を這わせてやると、焦れた声で呻いた。

161

主人を失った悦美はこれからどうやって生きていけばよいかと□《あん》□《えい》に苛まれた。

162

白く透明感ある肢体の谷間には、恥じらうように□《かげ》った繊毛が覗いていた。

こたえ

160 翳風

161 暗翳

162 翳

その他の言葉

蒙翳

翳雲

覚える漢字

翳

音

えい

訓

かげ（る）

かざ（す）

くも（り）

かす（む）

かげ

解説

「翳風」とは耳の後ろにあるツボをさす。ここを舐める行為の描写は官能小説には欠かせない。「暗翳」は将来に不安を感じるさまをさす。

163

□《しゅん》□《ぐ》な村娘の菊江は都会の男に身体も金銭も奪われてしまった。

164

鞭で打たれた利恵子は床に転がりながら□《しゅん》□《どう》した。

165

四つん這いになった令子は大きな臀部を□《うごめ》かせ、近づいてきた。

覚える漢字

蠢

音　しゅん

訓　うごめ(く)　おろ(か)

こたえ

163　蠢愚

164　蠢動

165　蠢

解説

漢字の構成は春＋虫＋虫と簡単。虫がうようよとひしめくさまをさす。「蠢動」はもぞもぞとしているさま。「蠢愚」は無知で愚かな人の意。官能小説での「蠢く」とは、のた打ち回るまではいかない淫靡さをともなった女性の動きの描写、またはプルンプルンと大きく波打つ臀部の表現で使用する。

166

桐子の□《うっ》□《けつ》した鞭痕に舌を這わせて舐めてやる。

167

□《うっ》□《そう》としたさゆりの繊毛を剃刀でゆっくりと剃っていくと、ツルツルと丸見えになった恥丘が露になった。

168

□《うっ》□《とう》しい上司のことは忘れて、今日は久しぶりにフィリピンパブで日頃の□《うっ》□《ぷん》を晴らすぞ。

こたえ

166 鬱血

167 鬱蒼

168 鬱陶 鬱憤

その他の言葉

鬱屈

鬱積

覚える漢字

鬱

音 うつ

訓 しげ(る) ふさ(ぐ)

解説

鬱は塞いださま。熟語で使われることがほとんど。「鬱血」は血が皮膚の中に塞がったさま。「鬱蒼」は木々が生い茂って薄暗いさま。「鬱陶しい」は心が塞いではれないさまをさす。漢字の構成は難しく、何度も書き込む練習が必要。わかんむりより上、わかんむりより下の上下に分けて覚えるといい。

169

ありとあらゆる性感帯を嬲られた美紀は思考と身体が□《ご》□《びゅう》していた。

170

鎌倉幕府の成立は1192年か1185年か。考え方の違いが□《びゅう》□《でん》を起こす引き金となった。

171

順子はいつもやさしく接する敏雅の良心を踏み躙り、非情な態度で軽蔑していたことを周りに咎められ、ようやく□《さく》□《びゅう》の念を感じた。

覚える漢字

謬

音	訓
びゅう	お あやま(り)

解説

誤りの意。「誤謬」はERROR（エラー）を起こしているさまをさす。人で言えば、意思と肉体の作動が一致しない様子。官能小説では情交や調教の激しさを伝えるために、女性の呻き声や喘ぎ声の表現だけでなく、このような描写表現を使って読者がより官能的になれるようにしている。

こたえ

169 誤謬
170 謬伝
171 錯謬

その他の言葉

謬見
過謬

172

美人占い師の諒子はそのオカルト的な出で立ちといい、不思議な言動といい、本物の□《まじ》□《もの》使いの女なのかもしれない。

173

革のミニスカートを纏うスレンダーな枝里香の□《こ》□《わく》□《てき》な姿態に酔い痴れた。

174

虫を使った呪術である□《こ》□《どく》の儀式がこれからはじまろうとしている。

こたえ

172 蠱物

173 蠱惑的

174 蠱毒

その他の言葉

蠱道

巫蠱

覚える漢字

蠱

音：こ

訓：まじな（い）　そこ（なう）　まど（わす）

解説

虫が三匹皿の上に乗っている構成の漢字。本来は広義の呪術を表現する漢字で、「蠱毒」「巫蠱」「蠱道」などの熟語はすべて虫を自由に操ることができる呪術をさす。転じて「蠱惑」は人の心を惹きつけ、惑わすさまの意。官能小説では「蠱惑」を人だけでなく、女性の陰部にもたとえて使用する。

175

花芯への刺戟に真紀子の陰部からは秘液が□《こん》□《こん》と湧き出て尽きなかった。

176

昌弘はもはや□《たぎ》り勃った肉棒を鎮めることができなかった。

177

□《たぎ》る欲情を抑えきれず、その女に抱きつき、倒した。

覚える漢字

滾

音 こん

訓 たぎ(る)

こたえ

175 滾滾

176 滾

177 滾

解説

水などが湧き出て尽きない、物事が尽きないさまの意。官能小説では感情と事象を表現する頻度の高い漢字。欲情が抑えきれないさまや、液などが尽きないさまで使用される。

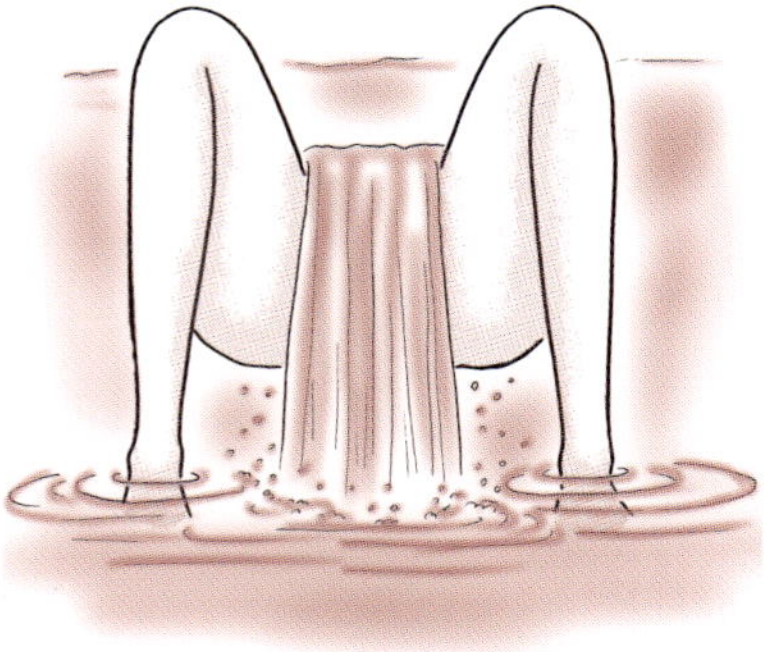

178

ボクは変態と呼ばれようが、□《ざん》□《し》が付着した下着に興味がある□《かす》□《おとこ》だ。

179

3日は着たであろう服を脱ぐと、服に付いた□《こう》□《し》から異臭が漂ってきた。

180

濁りある□《おり》□《ざけ》を呷った隆はその勢いで風俗へと出かけた。

覚える漢字

滓

音
し
さい

訓
かす
おり
よご(れ)

こたえ

178 残滓　滓男

179 垢滓

180 滓酒

その他の言葉

塵滓　鉱滓

解説

沈殿物やかす、よごれものの意。官能小説では体内から出る老廃物の表現で使われることが多い。男が厭らしい行為をすることで女性に恥じらいを感じさせ、嫌がらせる描写を引き出す効果がある。漢字の構成はさんずい＋うかんむり＋辛(つらい)。

181

刺戟の強さから由紀子の肢体はピクピクした動きからガクガクした□《こう》□《れん》に変わっていった。

182

脳幹出血の後遺症である手足の□《けい》□《しゅく》からくる亜脱臼に悩まされる。

183

□《ちつ》□《けい》□《れん》がはじまり、文孝は自分の肉棒が抜き出せなくなった焦りで頬をピクピクと□《ひ》き□《つ》らせた。

こたえ

181 拘攣

182 痙縮

183 膣痙攣 引攣

覚える漢字

痙

音　けい

訓　ひきつ（る）

攣

音　れん

訓　つ（る）　ひきつ（る）　かが（まる）

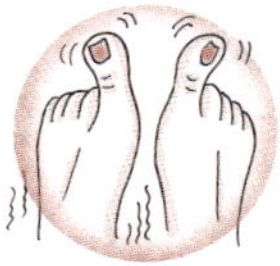

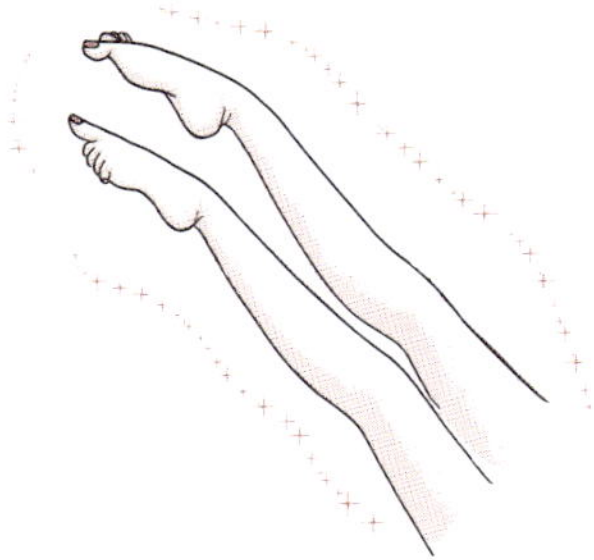

―― 解説 ――

痙攣は読めても書けない漢字のひとつ。しかし共に漢字の構成はさほど難しくはない。「痙」はやまいだれ＋ヨコ線＋く×３＋工。「攣」は糸＋言＋糸＋手。なお、両漢字とも「ひきつ（る）」とも読むが、「痙る」あるいは「攣る」とは表記せず、「引き攣る」が多く使われる。

184

陰部の尖った□《はし》□《さき》は柔らかなピンク色を強め、その下からぬめりを噴出させる。

185

ヒクヒクと蠢く締った肉門にまずは□《し》□《かん》を入れてみる。

186

膣口に□《くちばし》のようなメッキの器具を入れてやると、その冷たさにピクッと腰を動かした。

こたえ

184 嘴先

185 嘴管

186 嘴

その他の言葉

砂嘴

鶴嘴

覚える漢字

嘴

音：し

訓：くちばし、はし

解説

漢字の構成はくちへん+止+匕+角と難漢字はない。「嘴管」は先がくちばしのように尖った医療・介護・理化学など幅広く使われる器具のこと。「嘴先」とは官能小説ではクリトリスの比喩的表現として使われる。

187
調教部屋は獣を思わせる□《しょう》□《き》に満ちた重く湿った雰囲気が漂っていた。

188
日当たりの悪いアパートの一室には湿り気を含み、時折近くの工場から出る□《しょう》□《えん》が窓の隙間から入り込んでくる。

189
新興国では□《しょう》□《えき》が蔓延し、病院も治療に当たるスタッフも不足している。

こたえ

187 瘴気
188 瘴煙
189 瘴疫

その他の言葉

霧瘴
毒瘴

覚える漢字

瘴

音
しょう

解説

悪い空気の意。官能小説では情交の場の雰囲気を表現するときに「瘴気に満ちた」などと使う。爽やかさがなく、ジメジメとした雰囲気や獣のような肉臭漂うさまを伝えることで、尋常さをかき消す。

190

伸一は睦子が浮気したことを白状させるため、□《しもと》で何度も睦子を叩いた。

191

裕子の肌はとても五十路とは思えないほど□《むち》□《むち》としていた。

192

□《せい》□《そ》な姿態の不二子だが、これから性の□《いばら》を進むことになるとは思ってもいないだろう。

こたえ

190 楚

191 楚楚

192 清楚 楚（茨）（荊）（棘）

その他の言葉

苦楚

四面楚歌

覚える漢字

楚

音：そ

訓：いばら　すわえ　しもと　むち

解説

罪人を叩き打つ杖や棒、鞭をさす言葉。漢字はトゲのある木の下に足で立つ象形が成り立ち。それが「いばら」の意となった。一方で「清楚」となるとすっきりしたさまをさす。また四面楚歌は四方を漢軍が囲み、楚の国の歌をうたったことで、楚の兵士たちが漢軍に降伏したと思い絶望した中国の故事から成り立つ。

193

はち切れんばかりに□《しょう》□《りつ》した肉棒からはぬめりと先走りの液が滲み出ていた。

194

「これから大勢の男たちがいる部屋へ入ってもらう」と露な姿の奈津美に告げると、奈津美は怯み□《しょう》□《どう》した。

195

手足を縛られ身動きができない絹恵の口に□《そび》え勃ちをあてがった。

覚える漢字

聳

音

しょう

訓

そび(える)
そばだ(つ)
おそ(れる)
つつし(む)

こたえ

193 聳立

194 聳動

195 聳

その他の言葉

聳然

聳峙

解説

「高く聳える壁」といった通常の使い方とは違い、官能小説での「聳」は多様な意味を持つ。恐れる意味で女性に衝撃を与え動揺を誘う「聳動」、陰茎を比喩的にたとえた「聳え勃ち」、「聳立した肉棒」、女性では「聳え立ったサクランボ」、「聳つ（そばだつ）肉芯」など多種多様な使われ方をする。

196

よほど男と縁遠かったのだろうか。処理を施されていないまるで□《ぶ》□《あい》のような腋毛には驚かされた。

197

嬲られた良子のプライドは崩落し、□《しゅう》□《わい》の感覚が湧き起こり咽び泣いた。

198

大柄なデブ男に□《けが》された優衣はフィアンセの顔すら見ることができなかった。

こたえ

196 蕪穢

197 醜穢

198 穢

その他の言葉

汚穢

穢土

覚える漢字

穢

音　わい　あい　え

訓　けが(れ)　あ(れる)　きたな(い)

解説

「汚れ」でもけがれと読むが、よごれと区別し、「穢れ」を使用する。「蕪穢」は（木々が）あれたさまをさす。「醜穢」は醜くけがらわしいさま。「しゅうあい」とも読む。「汚穢」は「おえ」または「おわい」と読む。

199

麻縄の緊縛で吊るされたみどりは解き放たれると、一気に床へ［　］《くずお》れた。

200

もはやこの国は政治そのものが［　］《たい》［　］《せい》を迎えている。

201

エロスに傾倒し、常軌の［　］《くず》れた理性はもはや取り戻せない。

覚える漢字

頽

音
たい

訓
くず(れる)
くずお(れる)

解説

くずれるでは「崩れる」が一般的。「頽れる」は倒れ込む、壊れる、衰える意味で使用。その差別化で官能小説では「くずおれる」と読ませることが多い。

こたえ

199 頽
200 頽勢
201 頽

その他の言葉

衰頽
頽廃
胡頽子

202

浣腸の刑が終わった節子の汚れた肉門をしっかりと［　］《せん》［　］《でき》してやる。

203

温水シャワー付きトイレで尻の穴を［　］《すす》ぐ。

204

由佳は過去のむさ苦しい男との穢れた関係を、新たな彼氏と情交することで［　］《とう》［　］《でき》とした。

こたえ

202 洗滌

203 滌ぐ（濯ぐ）

204 蕩滌

その他の言葉

滌除

滌煩

覚える漢字

滌

音：でき　てき　じょう

訓：あら（う）　すす（ぐ）

解説

総じて洗うことの意。洗滌はせんじょうとも読む。一般的にあらうで「滌う」が使われることは少ない反面、そそぐでは衣類を洗濯する意味との差別化で「滌ぐ」が使われる。「蕩滌」「滌蕩」はどちらも汚れや穢れを洗い落とす意。「滌煩」は煩わしいことをきれいさっぱりと洗い流すこと。

205

常に仕事ができるオーラを放つ□《きょ》□《ごう》な女の上司が、淫靡な眼つきをして俺の部屋に来る妄想がいつも頭から離れない。

206

おしっこを我慢できなくなった詩織は裾を捲り上げ、その場で□《そん》□《きょ》姿で放尿をはじめた。

207

首輪を嵌められた節子は露な姿態を曝しながら、主人の石田が鎖を引くがまま這い□《つくば》った。

こたえ

205 踞傲（倨傲）

206 蹲踞

207 蹲

その他の言葉

傲慢

蹲循

踞坐

覚える漢字

傲
音 ごう
訓 おご(る) あなど(る)

蹲
音 そん しゅん
訓 つくば(る) うずくま(る)

踞
音 きょ こ
訓 うずくま(る) おご(る)

解説

「傲」はおごる意。「蹲」は床に四つん這いになる意。「踞」はしゃがむようにうずくまる、おごる意。「踞傲」は「倨傲」表記が一般的。「蹲踞」は相撲の仕切りのポーズをさす。官能小説では「這い蹲る」「蹲る」といった描写表現が頻繁に出てくる。

208

まどかは□《さかさ》□《はりつけ》にされたまま、繰り返す□《べん》□《ち》に絶叫した。

209

露な姿態の生贄は嬲られ悲鳴を上げ続けるも、やがてその声が掠れると、そこで男たちによる□《ち》□《けい》は終焉した。

210

園子は柱に立ったまま縛られ、男たちによる□《たっ》□《けい》の儀式がはじまった。

こたえ

208 逆磔 鞭笞

209 笞刑

210 磔刑

その他の言葉

笞罪 笞杖 波磔 車磔

覚える漢字

笞
音 ち
訓 むち しもと

磔
音 たく
訓 はりつけ

解説

日本の罪人の歴史に使われる漢字。「笞」は鞭を意味し、罪人に鞭打ちの刑をする意。「磔」も罪人に対する身動きのできないようにする刑をさす。パソコンで「はりつけ」といえば、「貼り付け」だが、官能小説では「磔」だ。

211

光寿が杖で千春の肉が弾けるほど激しく□《ちょう》□《ちゃく》してやると、千春の顔は喜悦に満ちていた。

212

仲間からの騙されているからやめろという説得も聞き入れず、敏雅は全財産を□《なげう》って若い奈津に入れ込んでしまった。

213

弘之は□《けん》□《こん》□《いっ》□《てき》の賭けに出るも、成就せず会社は倒産した。

覚える漢字

擲

音

てき
ちょう

訓

なげう(つ)
な(げる)
す(てる)
ふ(るう)
なぐ(る)

こたえ

211 打擲

212 擲

213 乾坤一擲

その他の言葉

投擲

擲弾筒

解説

「擲」には訓読みにあるような意味合いがあり、殴る、投げ打つ、かなぐり捨てる意味で使われる。「乾坤一擲」は人生を賭けた大勝負に出ることをさす。「打擲」は打ち叩く意。SM小説では頻繁に使われる漢字だ。

214

少女は初めて自分の中に異物が入ってきた痛さからか、□《はか》の血が滴り出てきた。

215

熟女の三千代なら□《きゅ》□《うり》じゃ物足りんだろうと、□《へ》□《ち》□《ま》を入れてみた。

216

艶めかしい姿態に加えて□《うり》□《ざね》□《がお》のさゆりに男たちは虜になっていった。

こたえ

214 破瓜

215 胡瓜 天糸瓜（糸瓜）

216 瓜実顔

その他の言葉

西瓜 冬瓜

覚える漢字

瓜

音 か

訓 うり

解説

一般的に果物や野菜の漢字表記として使われているが、官能小説では女性性を表現することに使用。「破瓜」は瓜を破る意味で処女喪失の表現で使う。「瓜実顔」は面長な顔で色白、目鼻立ちが良いさまから、美人美形の表現として使われる。

217

挿入してやると肉傘に粒の刺激を感じた。三枝子の秘苑は□《ざく》□《ろ》□《ぐち》の名器なのだと知った。

218

よし、そんなに欲しいのなら俺の□《りゅう》□《だん》□《ほう》を今すぐブチ込んでやろう。

219

□《つつじが》□《おか》□《てん》□《まん》□《ぐう》へ初詣に彼氏と出かけたら、その帰り道に彼氏が私の誕生石である□□□《ガーネット》の指輪をプレゼントしてくれた。

覚える漢字

榴

音	訓
りゅう	ざくろ つつじ

こたえ

217 柘榴口

218 榴弾砲

219 榴岡天満宮 柘榴石

その他の言葉

手榴弾

榴火

解説

「榴」は球体の塊をさす。石のようにかたい木に実る塊で「柘榴」をさす。長い球状の砲弾で「榴弾砲」、手で投げる球状の砲弾で「手榴弾」となる。柘榴口は江戸時代のかがんで入る入口の銭湯の意と、裂けて開いた柘榴のさまの意がある。官能小説では後者の意。

220

弘美は尻を俺の顔に向けて四つん這いになった。

眼の前にある野菊の□《しゅう》□《へき》がヒクヒクと動いて堪らなくなった。

221

嫌がりジタバタする美沙を押さえ込むと、

あとは□《にく》□《ひだ》にコイツを押し込むだけだ。

222

熟女には半ば諦めた感のある□《こ》□《じわ》があるところが逆に魅力に感じる。

こたえ

220 皺襞

221 肉襞

222 小皺

覚える漢字

皺

音 しゅう

訓 しわ　しぼ

襞

音 へき　ひゃく

訓 ひだ

その他の言葉

皺寄せ

竹皺

山襞

摺襞

解説

「皺」「襞」とも女性の容姿や描写に使用頻度が高い漢字。「皺襞」は「しわ」や「ひだ」があるさま。「襞肉」「肉襞」は陰部の表現として使用される。「襞」は「壁」の下の土が衣に変わるだけなので、覚えやすい。

223

詐欺師のテクニックの真骨頂は相手を□《いっ》□《ぴん》□《いっ》□《しょう》に左右することだ。

224

快楽に顔を□《しか》めながらも、尖らせた胸の先端はエクスタシーを迎えると荒い吐息とともに□《きわ》まっていった。

225

店主を罵倒する横暴な態度の遠藤は、居合わせた常連客からも□《ひん》□《しゅく》を買った。

こたえ

223 一顰一笑

224 顰　蹙

225 顰蹙

覚える漢字

顰

音　ひん

訓　ひそ(める)　しか(める)

蹙

音　せき　しゅく

訓　きわ(まる)　しか(める)　せま(る)　つつし(む)　け(る)

解説

難しい漢字なので練習が必要。官能小説では女性の表情や部位の描写に使用される。「蹙まる」はしじまる、すぼまるの意で使われ、大きくなったものが元にもどるさまをさす。「一顰一笑」は笑ったり顰めたりする表情の意。会話で相手の心理をゆさぶる時に使われる。

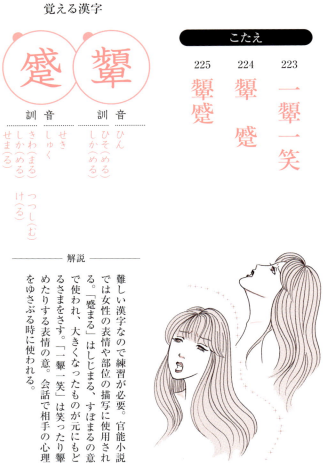

226

多勢の男たちを前に露な姿で□《しん》□《せん》とともに恐怖に慄いた。

227

その音大生は情交中に□《せん》□《どう》□《おん》のような不思議な喘ぎ声をあげはじめた。

228

口にバイブを入れると、葉子はワナワナと□《ふる》えながらもそれを口淫しはじめた。

覚える漢字

顫

音	訓
せん	ふる(える) ゆら(ぐ)

こたえ

226 震顫

227 顫動音

228 顫

解説

震える、振るえるが一般的に使われるが、官能小説ではワナワナと、かぼそく不安そうな描写を表現することから、この漢字が使われることが多い。「震顫」は筋肉などが収縮して部位が不随意に震え動く現象をさす。「顫動音」は細かく震えをともないながら発する声のこと。

229

千恵美の□《ほう》□《じょう》とした太腿を舌で舐め回し、股間に顔を埋めた。

230

弘子は四つん這いになると、メロンのような□《あま》る膨らみをゆさゆさと揺らしながら、こちらに近づいてきた。

231

隆の□《じょう》□《ぜつ》な語り口に三千代は返す言葉もなく、成り行きにまかせるしかなかった。

覚える漢字

饒

音
じょう
にょう

訓
あま(る)
ゆた(か)
おお(い)
ゆとり

こたえ

229 豊饒

230 饒

231 饒舌

その他の言葉

饒波
肥饒

解説

ゆたかにあまるさま。官能小説では女性の太腿や乳房、尻などをたとえて表現する。大分市豊饒という地名は「ぶにょう」と読み、広島市にある饒津神社は「にぎつじんじゃ」と読む。

232

時間をかけてGスポットに繰り返し刺激を与えると、汗の風味の潮が大きなカーブを描きながら□《へい》□《しゅつ》した。

233

肉傘からビュッと勢いよく濃い乳液が□《たばし》り、明子の顔に飛び散った。

234

ビルの隙間で孝宗が不意に抱き着き、そのまま唇を奪われたみさきには、稲妻のような熱き感覚が□《ほとばし》った。

こたえ

232 迸出

233 迸

234 迸

覚える漢字

迸

音：ほう　へい

訓：たばし(る)　ほとばし(る)　はし(る)

解説

「迸」は神経に何かが走るようなさまや、勢いよく飛び散るさま。「迸出」は同じく勢いよく激しく飛び散るさまをさす。官能小説では男女問わず液を放出する描写で使われる。

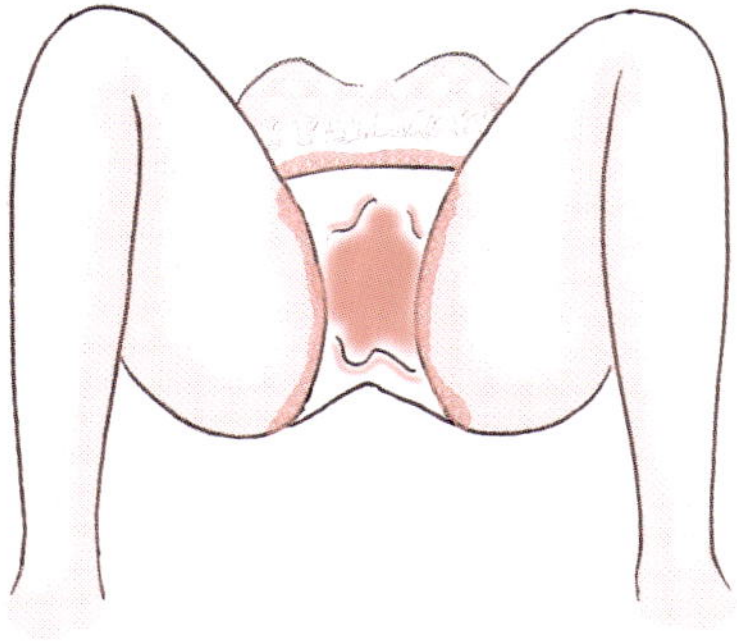

235

無理やり肉棒を口へ持っていき口内で射精すると、初めての経験からか女は□《えつ》□《おう》した。

236

肉棒を口へ持っていき口内で射精すると、経験豊富な女は悦んで□《えっ》□《か》した。

237

幸子は息絶え絶えながらも喜悦に□《むせ》び泣いた。

覚える漢字

噎

音　いつ　えつ

訓　むせ(ぶ)　む(せる)　ふさ(がる)

解説

「噎」は喉に詰まらせる、あるいは煙などで息が苦しいさま、感情で息が詰まるさま、またはふさいでいるさまをさす。官能小説では情交後の快楽、喜悦に息が詰まるさまを表現する。「噎下」は飲み干す描写で使われる。

こたえ

235 噎嘔

236 噎下

237 噎

その他の言葉

噎鬱

噫噎

237

辰子の□《そう》□《せい》した腋毛が男日照りを物語っていた。

238

朱美の□《ち》□《むら》を指で掻き毟りながら陰部へと指を滑らせた。

239

黒い□《くさむら》がパンティから透けて見えると、もう昂奮を抑えきれなかった。

覚える漢字

叢

音
そう

訓
むら・むら（がる）
くさむら

こたえ

237 叢生

238 恥叢

239 叢

その他の言葉

毛叢

稲叢

解説

草が群がって生えているところ、一カ所に集まるさま。官能小説ではこの漢字を使った熟語で女性の陰毛を表現することが多い。秘叢、毛叢、恥叢、黒い叢は代表的表現。また陰部を「毛叢の陰」「叢の陰云」などと比喩を高めた表現で読み手の想像力をあおる。

241

そんな女とは□《と》っくに別れたよ。

242

東野圭吾の□《しっ》□《ぷう》ロンドは繰り返し読んだ印象深い作品だ。

243

雅史は家に置いてあったライターにラブホの印刷がされていたことを女房に咎められたが、□《やま》しいことは何もない。

覚える漢字

疾

音

しっ

訓

やま(しい)
にく(む)
はや(い)
と(く)

こたえ

241 疾

242 疾風

243 疾

その他の言葉

疾病

疾走

解説

やまいだれ＋矢で構成される。「疾しい」は後ろめたい、もどかしい意。「疾風」はスピード感ある速さを意味し、「はやて」とも読む。「疾」は病いや後ろめたさだけでなく、速い、とうの昔に、または憎むの意と熟語で意味合いが変化する。

244

国民の代表そして公民として議員になった女性だったが、いい男との不道徳な関係を断ち切れず、□《じゃ》□《いん》を繰り返した。

245

妻以外にセフレも欲しいとの□《よこしま》な考えが常にある敏夫の□《じゃ》□《よく》の生贄となった千恵子だった。

246

□《や》□《ま》□《たい》□《こく》を治めた卑弥呼は本当に実弟だけとしか会わないでいたのか。当時の絶世の美女だったのか。情交願望はなかったのか。□《か》□《ぜ》すらひかなかったのか。不思議でならない。

こたえ

244 邪淫

245 邪　邪欲

246 邪馬台国　風邪

その他の言葉

邪気　邪悪

覚える漢字

邪

音　しゃ　じゃ

訓　よこしま

解説

ねじれる、正しくないの意。官能小説は人に邪念、あるいは邪欲があるからこそ成立する小説だ。そして戦後の言語統制の取締りをかいくぐるために、比喩的表現を駆使した作家たちがいる。結果、作家・出版者vs警察が生み出した漢字が満載されている文学なのだ。

247

恵美子の股間に顔を埋めてやると、お気に入りの香水で濡らしたパンティの残り香とフェロモンの匂いが混じり、□《ふく》□《いく》とした香りが漂っていた。

248

女性独特の優しい匂いが裸体に□《ゆう》□《ふく》のように流れていた。

249

汗ばむ瘴気に包まれた部屋で、尖った恥毛の先をライターで遊んでやると、□《かんば》しい匂いが立ち込めた。

覚える漢字

馥

音	訓
ふく ぶく	かんば(しい) かお(る)

こたえ

247 馥郁

248 幽馥

249 馥(芳)

その他の言葉

馥気

芳馥

解説

「馥郁」は良い匂いがするさま。「馥」は繊細な香り、奥ゆかしい香りをさす。「かんばしい」は「芳しい」が一般的に使われるが、より女性の匂いを官能的で表現するために「馥しい」と表記する。「芳馥」はかんばしい×2で、より強調した言葉。

さらに覚えたい漢字 36 例文

250

□《かかと》を上げ紫色のヒールを脱いだ麻子はそのままベッドへと向かった。

251

両手を縛りあげ、睦子の□《なが》□《じゅ》□《ばん》を勢いよく剥ぎ取った。

252

下着は脱がせずに□《はさみ》でジョギジョギと切って外すと、それはそれでゾクゾクと昂奮した。

253

女が□《ろう》□《そく》に火を点すことにドキドキする。

254

弄ばれ、鞭で打たれた脚は□《みみ》□《ず》□《ばれ》していた。

255

智子の陰唇は綺麗に朱く染まったような□《たら》□《こ》のようだ。

256

その女の□《あ》□《だ》たる姿態に思わず唾をゴクリと飲み込んだ。

257

情交後に髪を□《と》かす姿にも喜悦を感じる。

258

股間にはすでにぬめりをともなった□《とき》□《いろ》の肉が待ち構えていた。

259

夏子は縛られた姿で横たわり、鞭が飛ぶたびに□《ぜん》□《どう》した。

260

和歌子の繊毛の下には二本の□《うね》が盛り上がっていた。

261

もうすでに二つの膨らみの愛撫で感じてしまっていたのだろうか、
秘苑に指を這わすとそこは□《ぬか》□《る》んでいるようだった。

262

絶頂を迎えると女はまるで獣の□《ほう》□《こう》のような喘ぎ声をあげた。

263

秘口の上の□《め》□《のう》色の芽を指で掻き回すように弄る。

264

女の脚を大きく広げてやると、肉の□《そう》□《し》も同時に開いた。

265

股間には□《あん》□《かっ》□《しょく》が混ざったピンクが待っていた。

266

パンティからはみ出し見える淫靡な□《いち》□《じ》□《く》色の肉唇が刺戟的にあおる。

267

剃毛した聖子は腰を反り上げると、□《る》□《り》□《いろ》の□《ち》□《きゅう》をこちらへ向けて差し出してきた。

268

遥の股間を大きく広げると、ニワトリの□《とさ》□《か》のように膨らみを持たせた美しい蜜肉が露となった。

269

梨恵子の陰唇には、もうしばらく使っていない□《あん》□《きょ》のような埋没した感覚をおぼえた。

270

ブチっとした残酷な音とともに、「俺の少ない毛を□《む》しるな」と伸一の怒声が聞こえた。

271

その女社長は白肌の□《おとがい》を反り返すように、ツンとした態度で去って行った。

272

挿入から抽送を繰り返したのち、□《かく》□《はん》するような動きを加えるため、腰を左右に振った。

273

締りのいい淫靡な肉洞はまさに快楽の□《る》□《つぼ》だった。

274

美乳の先を飾る□《ほお》□《ずき》を舐めながら吸うと、尖りが芽生えていた。

275

先っちょをやや強く□《つね》ると、喘ぎ声とともに尖りはじめた。

276

淳は郁恵の□《ほ》□《ら》□《がい》が露になるとさらなる昂りが身体に迸った。

277

紀子の露な姿に清志の肉棒は□《は》ぜる寸前となった。

278

理不尽なバイブ責めに不二子の秘膣の感覚は□《どん》□《ま》のようになっていた。

279

□《せき》を切ったように快感が何度も押し寄せてくる。

280

□《こう》□《き》した肉棒は秘膣の中以外で鎮めることはもはやできない。

281

硬くなった□《くさび》を押し込むように打ち込んだ。

282

凛子の顔面は弾けた白い□《つぶて》で溢れた。

283

嬉しいことに純子は積極的に私の顔に□《またがっ》てきた。

284

恵子の秘苑を舌で舐めてやると、時折□《にこ》□《げ》が鼻に優しく触れる。

285

動物が発情したような□《じゃ》□《こう》の香りがベッドにムンムンと立ち込めた。

250 踵

251 長襦袢

252 鋏

253 蠟燭

254 蚯蚓腫

255 鱈子

256 婀娜

257 梳

258 鴇色

259 蠕動

260 畝

261 泥濘

262 咆哮

263 瑪瑙

264 双翅

265 暗褐色

266 無花果

267 瑠璃色 恥丘

268 鶏冠

269 暗渠

270 毳

271 頤

272 撹拌

273 坩堝

274 鬼灯

275 抓

276 法螺貝

277 爆

278 鈍麻

279 堰

280 硬起（昂起）

281 楔

282 礫

283 跨

284 和毛（柔毛）

285 麝香

読めても凄い　書けるともっと凄い　感じる漢字ドリル　上級編

ＪＳＭ研究会編

ＪＳＭ研究会
官能小説マニアとＳＭ誌元編集者の集団。官能小説の表現を研究しながら、新しい当て字も開発する。

２０１７年11月３日　第１刷発行

デザイン　勅使河原克典
編集人　佐々木　亮
発行人　田中　潤
発行所　有限会社 有峰書店新社
〒176－0005　東京都練馬区旭丘１－１－１
電話　03－5996－0444
http://www.arimine.com/

印刷・製本所　シナノ書籍印刷株式会社

ISBN978-4-87045-295-4